這個時候怎麼辦？

4

待人接物

峯村良子 繪著　唐亞明、郭敏 譯

香港中文大學出版社

前 言

　　如果要培養孩子們的「禮儀規範」，從哪兒教好呢？教什麼呢？有時大人們也會不知所措。這套圖書集中介紹了日常生活中的禮儀規範，希望對大人和孩子都有幫助。

　　禮儀規範不是什麼特別難的事情，它是在日常生活中為了讓我們每天心情愉快而應該遵守的社會規範。我們與親朋好友交往，與學校和周圍接觸到的人們交往，更廣泛地說，與世界上的人們友好相處，都需要禮儀規範。遵守禮儀規範也是培養孩子們尊重他人的意識和愛心所不可缺少的。有時候，我們沒有意識到自己的行為給別人帶來了困擾和不必要的麻煩。什麼是困擾和麻煩呢？孩子們也許並不明白，究竟什麼事情好，什麼事情不好，它們不同在哪裏？如果有了辨別能力，那麼在遇到問題時，孩子們自然而然就懂得如何對待和處理了。

　　這套書用圖畫和文字來講解各種禮儀規範，淺顯易懂，沒有必要把它們都背下來，即使有的內容忘記了也沒關係。孩子們會通過自己的理解，記住它，並在生活中有禮貌地待人接物。

　　這套圖書有五本，每本有一個主題，基本包括了兒童日常生活中需要遵守的禮儀規範，但也並不是那麼絕對的，每個家庭或學校都可以根據自己的教育方針進行增減。

　　如果這套圖書能有助於培養孩子們遵守秩序、懂禮貌、有正義感、遇到問題時能換位思考、事事為他人着想，並會積極地解決難題，我將感到非常榮幸。

　　本冊的主要內容是：待人接物的禮儀規範。如果孩子們懂得，要與他人愉快地交往，必須互相遵守一些規範，那麼他們和小朋友、和大人們都會有更融洽的關係。

目　錄

各種打招呼的方法，你會說嗎？

去別人家時
你好，你來啦
歡迎歡迎，請進

謝謝　啾—　啾　注意身體

歡迎
打擾了

稍微彎腰
表示一下
你好，打擾了

啊，
○○的媽媽，
您好！

哦，
你好！
怎麼樣啊？

謝謝，
我很好

早上好　早上好

我吃啦　我吃完了

路上小心

我去
上學了

你好，
久等了　你好

不 同 的 時 間 ， 打 招 呼 的 方 法 也 不 一 樣

早晨

您早！
（對長輩和尊敬的人
要用敬語）

早上好！／早晨！
（對和自己比較親近的人
或是朋友）

您好！你好！
再見！

白天

晚上好！
（見面的時候）

晚安！
（臨睡前）

晚上

zZ

4

家庭裏的禮儀

外 出 要 和 家 裏 人 說 好

遵守說好的事情
定好回家的時間

晚了一點兒
沒事吧

預先說好
不能去的危險地方,
和不能做的事情。

危險 ✕

把和誰、去哪兒、做什麼、
何時回家事先告訴家人,
或者清楚地寫好。
中途如有變化,
或者需要晚回家的話,
要儘早給家裏打電話。

和 家 人 商 量 怎 麼 花 零 用 錢

定好哪些該父母買
哪些該自己買

NOTE

**需要時
向父母提出——**
買來的東西
要讓父母過目,
真正需要的東西
父母會答應的。

花了多少錢?

每月定額式——
在規定的零用錢數額內
可自由使用。
這樣還能提高算術能力
特別推薦。

做 家 務

幫助大人做家務
是成長的標誌,
不勉強,
從小事開始做。

取信件和報紙

澆花

淘米

打掃

洗碗

對長輩的禮儀 和 對老年人的禮儀

您沒事吧？ 好痛啊……

怎麼啦？

你看！

老人不是小孩子

不要用
對小孩子説話
的口氣，
對老人説話，
老人不是
小孩子。

……便便

什麼？

他們有困難時，
再伸出
援助之手，
不做多餘的事。

我自己能走！

父母最親

媽媽……

……是這樣的

父母是最關心你的人，
有困難時，
要鼓起勇氣
和父母商量。

父母生氣了！為什麼？

想不出為什麼

怎麼啦……

問清原因，
如果是自己不注意，
做了錯事，
要好好道歉。
向父母解釋清楚，
做錯了就是做錯了，
道歉了自己也會心情舒暢。

我沒有做錯事

我沒做！

講清楚「我沒做」，
好好聽父母説完，
再解釋情況。

長大成人後
要工作
還會生兒育女

個子越長越高
懂的事
越來越多

隨着年齡增長
頭髮變稀
皺紋增加
視力也會越來越差
看不清東西

站起來
走路

爬着
學走路

由於外傷
和疾病
容易骨折
可能會
行動不便

哭泣
睡覺

人出生後就不斷成長，
成人後會生兒育女，
年齡會逐漸增加，
上了年紀身體會虛弱，
做事力不從心。
但是老年人有豐富的經驗和知識，
是值得我們尊敬的長輩。

您不要緊嗎？

上下樓梯
很費勁……

打個招呼
幫幫忙

謝謝！

幫老人
拿重行李

請！

給老人
讓坐

過馬路時
伸手扶
老人一把

老人
關節硬化
幫助老人扣
後面的紐扣

不要
搶在老人
前面走
順應老人
的速度

不拿鄰居的東西

我去探險

不隨便進鄰居家

不發出騷擾鄰居的噪音

要拴好狗

不往鄰居院子裏扔東西

池子要圍好別讓人掉下去

飼養寵物注意不要給鄰居帶來麻煩

不要突然跑到馬路上或在路上玩耍

嘿!

你好!

存放水時間長了會生蚊子很不衛生要注意

和近鄰好好相處記住鄰居見面要打招呼

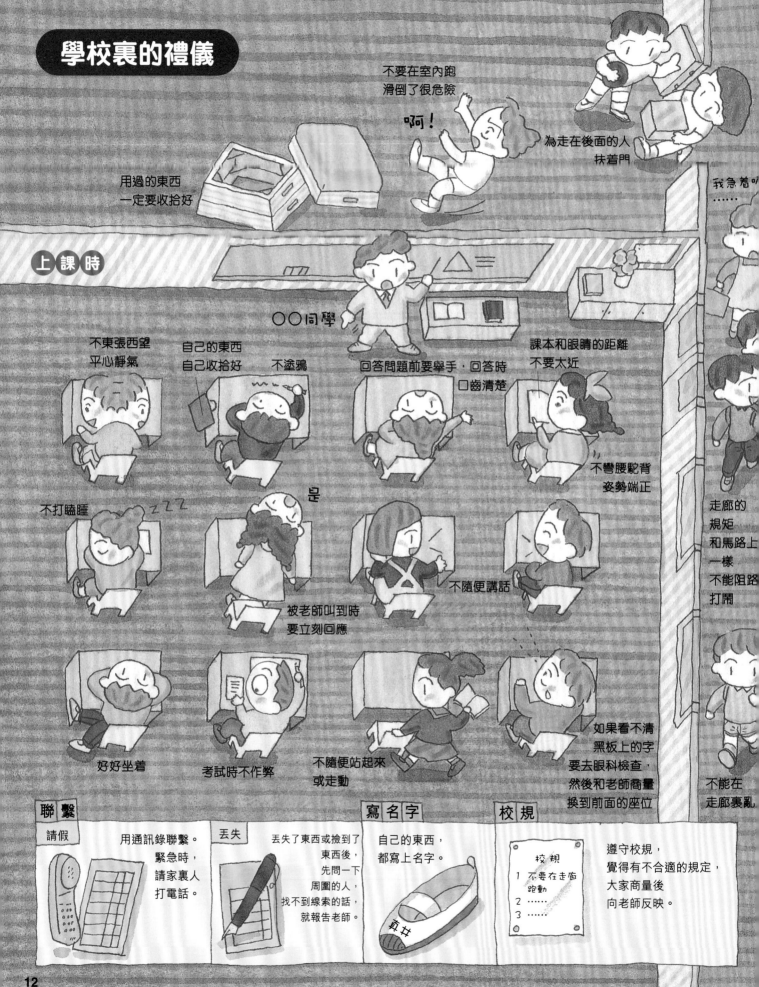

學校學會活動的禮儀

不懂的事
問高年級同學

這個呀……

你沒受傷吧？

關心愛護低年級同學

……是這樣吧

是呀

是

對高年級同學
用語恭敬

學校的集體課外活動
不同年級在一起
可以結識好朋友
與大家友好相處

如果有人使用暴力
或刻意諷刺挖苦時
要告訴老師
如果還是解決不了
或難以忍耐的話
可以調換到別的團體裏

其他種種

在自己的
東西上
寫名字。

圖書室的書
看完了，
放回原處。

穿過的
運動服和
運動鞋，
容易發霉，
要經常洗。

出了汗，
用毛巾擦乾，
不然容易感冒，
或臉上
長青春痘。

打招呼

早上好

打電話

不善於面對面
說話的人,
可以打電話交流。

我也好喜歡

找同樣
的愛好

共同的愛好,
可以使彼此容易溝通,
話題也豐富。

初次見面時
先自我介紹

你好!

多多指教

我是○○

來了轉校的同學

邀請同學來家裏玩

路線圖

別人家新鮮又好玩,還能加深友誼

她有不懂的地方
就教給她吧

哦

這裏是這樣去的

主動打招呼
交朋友

一起玩吧!

和同學交往的方法

不說別人身體
和家庭的事情,
因為這是對方
自己的力量解決
不了的。

你又胖了?

你沒事吧?

沒事!

要為對方着想。

打招呼和道謝
要認真。

謝謝你的
筆記本

15

幫助有困難的人

先打招呼，確認這個人需要幫助時再伸出援助之手。

請坐　謝謝

給老人和殘疾人士讓座

看到有人
在不熟悉的地方迷路了
給她指路
不要上陌生人的車
感到異樣立刻離開

開始時大家都是
想幫忙卻不敢說
要大膽地問一句：

您需要幫忙嗎？

在樓梯等地方
看到坐輪椅的人有困難時
要叫大人來幫忙
小孩子幫不上忙
又危險

不要突然觸碰盲人的身體
先打招呼再幫助他

樓梯和人行道
比較危險
要主動攙扶老年人和盲人

對於有殘疾的同學
不要什麼事都幫忙
只需要幫助他
不方便的那一部分

各種信息

對有聾啞殘疾的同學，
除了利用手語等
進行交流，

還可以
利用電腦
傳真等工具
進行更廣泛
的交流。

盲人閱讀文字，
一般利用盲字／點字
或聽CD等朗讀錄音。

也有電腦以聲音輸入
和用聲音
傳遞信息的。

減少垃圾

購物時自備購物袋
不用商店的膠袋和包裝紙

不要！

超市

節約用水

不浪費水

不剩飯菜

經過很多人的
辛苦勞動
我們才能吃到
寶貴的食品

珍惜生物

對於人類似乎沒有價值的生物
對於地球的生態環境
其實也是不可缺少的

蚯蚓吃掉
廚房垃圾
然後把垃圾
變成土

節約能源

不依賴冷氣和暖氣
盡量配合天氣穿衣服
夏天穿涼快的衣服
冬天多穿幾件
暖和的衣服
和厚襪子

不用的電燈和電器
一定要關掉開關

做地球
的義工

謝謝

送給各國的小朋友

給世界上有困難的
小朋友們寄文具用品

幫助老年人

去安老院幫忙、
在家裏幫助老人

回收資源

物盡其用
不用的東西盡量送去回收

呼！

收集
空瓶罐

在居住區　珍惜環境
保護自然
不讓垃圾和髒水污染環境

還有這樣的義工

關愛視力障礙者

為他們讀書，
或為他們解說
電影情節。

收集後寄出

用過的郵票
（有折疊或污垢、
損傷的不行）
等可以收集起來，
寄給慈善機構義賣。

80

*在你住的地方，
有哪些舊東西可以
義賣呢？你想到嗎？

捐獻儲蓄

平時攢的零錢，
捐獻給
有需要的人，
或集中起來
做一些對社會
有用的事。

*有興趣的話請詢問各地的志願服務中心

生日會

寫請柬——打電話也行

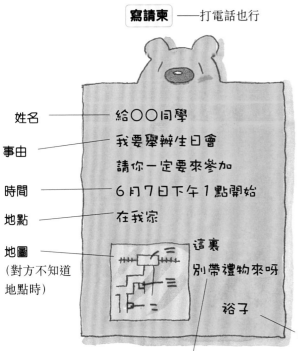

姓名 —— 給〇〇同學

事由 —— 我要舉辦生日會
請你一定要來參加

時間 —— 6月7日下午1點開始

地點 —— 在我家

地圖 —— 這裏
(對方不知道地點時) 別帶禮物來呀

裕子 —— 自己的名字

其他想說的事

以大家集中的客廳、房間和廁所為主認真打掃

呵！

收好危險和易碎的東西

發請柬

好的！

一定來啊

悄悄給以前邀請過自己的人和自己想請的人遞上請柬

儘量不在學校裏遞請柬
因為沒被請的人會有失落感

兩手不同時拿食物和飲料

送禮物的禮儀

不送昂貴物品。和朋友商量好禮物大概的價值。

不送舊東西，除非他本人想要，那就舊的也行。

皺皺巴巴！

因各人愛好不同，送實用的東西比較好。

NOTE

送自製品的話，最好用包裝紙、絲帶、蕾絲紙等用心包好。

HAPPY
BIRTHDAY

客人來了……

介紹家裏人

簡單地告訴客人
廁所的位置

哇呀

收到禮物當場打開
因為送禮物的人
對你喜不喜歡禮物
是很在意的

給互相不太熟識的人
創造容易說話的機會

注意觀察
大家是不是
很開心

這樣也不錯

紀念自己的生日讀一本書。	畫一張自畫像作紀念。	騎自行車到稍遠的地方去看看。	生日踢足球，或拍有日期記錄的相片作紀念。	在庭院或公園等地方露天開生日會，也很好玩。

飼養什麼寵物呢？

飼養安全的動物
不養猛獸類

不養需要特殊飼料
和特別設備的動物
比如只吃活的蒼蠅之類的不能養

臭鼬、狐狸、貉子等
太臭了，不要養

臭死了

咯咯咯

不養影響鄰居的動物
不養臭味強烈
和叫聲吵鬧的動物

嘎——哦！

飼養大小適中的動物
不管你如何喜歡，有的鱷魚6–7米長……
要考慮動物成年後的大小再做決定

必須做的事情

在法律上需要登記的，要申請登記。養狗要登記，因為要給牠們注射預防狂犬病的疫苗。

如果生了小狗、小貓感到難辦，要給狗和貓做絕育手術。

帶狗外出時要繫好繩子，法律禁止在公眾地方放養，避免對他人造成傷害。

寵物有病時，儘早去寵物醫院。

向寵物店的人請教養寵物的方法。

注意以下事項

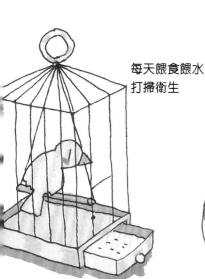

這樣就不能飼養……

有的公寓等住宅區
禁止飼養寵物
飼養之前
一定要
調查清楚

飼養寵物很不容易
要讓牠運動
幫牠清潔
不願意做
這些事的人
就不要飼養

有些動物
法律禁止飼養

NO!

每天餵食餵水
打掃衛生

不要用嘴
遞送食物

會傳染寵物的病

不知道呀……

訓練寵物
特別是
讓寵物自己
上廁所

每天觀察寵物的
皮毛色澤和食慾等
注意寵物的健康狀況

不丟棄寵物
要丟棄的話
不如一開始就不養

誰帶我回家！

看着寵物的眼睛說話
你喜愛牠
牠會有回應
這樣牠會更加可愛

養狗每天要帶牠們
出去運動
在外面遛狗
一定要繫好繩子
不要放開

清理狗糞

① 把手伸進
塑膠袋

② 用紙蓋上糞

③ 用套上塑膠袋
的手把糞撿起

④ 把塑膠袋反轉
過來把糞放進去

⑤ 扔到垃圾
箱或狗糞
收集箱

21

時間不要太長
否則病人會累

自己生病時不要去
如果傳染給病人
那就麻煩了

咳咳

不成群結隊地去
病人容易疲勞
也妨礙周圍的病人

哈哈 哈哈

病情嚴重
不能探望時
寫信問候吧

去之前先給
病人的親屬
打電話
問清楚
可以去後再去

我得趕快……

不在醫院裏奔跑
噪音和揚起的
灰塵會影響
周圍的人

病人身體
虛弱時去探望
只會令他更疲勞
等他一定程度
恢復後或
精神較好時
再去更恰當

帶去上課時的筆記
能把老師講的話簡要歸納出來
對自己也是一種學習

拿什麼去探望病人

水果或者點心
先問一下病人
是否能吃
再帶去。

問候卡
將祝福的話
寫在卡片上送給病人。

鮮花
幾個人一起去時，
有人想出好點子一起
湊錢也是個
好辦法。

買花束也可以，
但是有時病房裏
沒有花瓶。

書 先問清楚能否看書，
儘量買字體大的書
或漫畫等。

課外活動

學費

把學費放入
信封裏
盡量不需要找錢
用乾淨的紙幣

為了不影響老師和
後面等着上課的同學
要遵守上課時間

哎呀！
我遲到了……

不遲到

自己選擇

一定要選擇自己想學的、
認為自己能堅持下去的項目
父母指定而自己不喜歡的事情
不容易長久持續

忘了帶東西
會浪費好不容易
等到的練習時間

哎呀！
忘帶了
……

別忘了帶上課用品

多看後再決定

一旦開始活動
要退出比較麻煩
多了解一下
挑選自己喜歡的地方

去哪兒
好呢……

來吧，
練得怎麼樣了？

自己去中止

自己承擔責任
無論怎樣
都不想再學時
要好好同
父母和老師談
「我實在不想學了」

謝謝！

祝賀你！

在舞台前
直接送花
會使對方高興

朋友的表演很出色
也很努力
一定要好好讚揚他

你好
厲害啊
！！！

稱讚

兩張票

把節目單和兩張票
放在一起
分發給父母和朋友們

PROGRAM

「○○日
如果你有空的話
就來吧」
用輕鬆、詢問的語氣邀請

不勉強邀請

先說「謝謝」
再說不能去的原因

其實我
……

去不了時

說一句「太棒了！」
就是最好的禮物
如果想送禮物的話
在自己的零用錢範圍內買禮物
演出結束後送到後台休息室
或委託服務台轉交

什麼禮物好？

上補習班

要預習和複習
如果預習比較困難
可先迅速看一遍
在不懂的地方做上記號

預習　　　　上課　　　　複習

注意交通安全

不僅預習和複習，平時在學校上課也是很重要的

因為△○
是XX
……

不在外面吃零食

好想吃啊……

盡量
在家吃飯

不丟三落四

借我看看吧

不遲到
你會錯過重要的內容
一定要注意不能遲到

你想補習什麼？
決定選擇
成績較差
的學科，
還是選擇
比較擅長
的學科。

**哪個補習學校更
適合自己？**
聽別人的意見，
自己也去看看，
比較3個左右
再決定。

**選擇適合自己學習
的地方……**
不然以後會
很難受，
不要
太勉強。

我完全不懂啊

**對比學費和課程表，
選擇能夠
長期堅持的
地方。**

這兒有空

**盡量找離家
近的地方**
遠的地方，
光在路上
就很累。

整理好自己的筆記本

一邊仔細思考
一邊做筆記
容易記牢

**不繞道
直接回家**

去那邊看看吧！

路黑危險

姿勢端正

不東張西望

不隨便說話

補習班課堂上的規矩
和學校的規矩
是一樣的

嗡嗡……

補習班
不是玩的地方
去時不要帶
遊戲機等玩具

上課時有不懂的地方
多問問老師

太難啦……

想退出補習班時
實在不想上
要和父母商量
由父母或是自己
和補習班老師說

不要這樣的家庭教師 家庭教師是父母請來的，應該由父母辭退

怎麼也合不來的時候
不要太勉強……

實在覺得討厭！

不認真地教課

你就做這裏和這裏吧……

不遵守時間

上課時常常講無關的事
讓人感覺不舒服

○○同學你真漂亮！

不會教
聽不懂

不欺負人

你自己搣自己一下，很疼吧
被欺負的同學同樣是人
也會和你一樣疼的
即使你有各種各樣的理由
但是欺負人是很卑劣的行為
你想像一下
如果被欺負的人是自己
你就不會再欺負別人了
停止欺負人也需要勇氣

大家都
明白了嗎？

假如

你自己被打了？

暴力是犯法的！

假如

你自己的錢
被搶走了？

搶別人錢是犯法的！

假如

大家都不理你？

不理

不理

假如

你自己的東西
被搶走或被弄髒？

如果你自己被人欺負了
你能夠忍受下去嗎？

假如

你自己不斷被人
挖苦取笑？

看到欺負人的事

馬上告訴大人
如果自己的姓名
不便公開的話，
一定要向
大人說好
不公開
自己的姓名。

勸架
在這種情況下，
最好和
同學們一起
去勸阻。

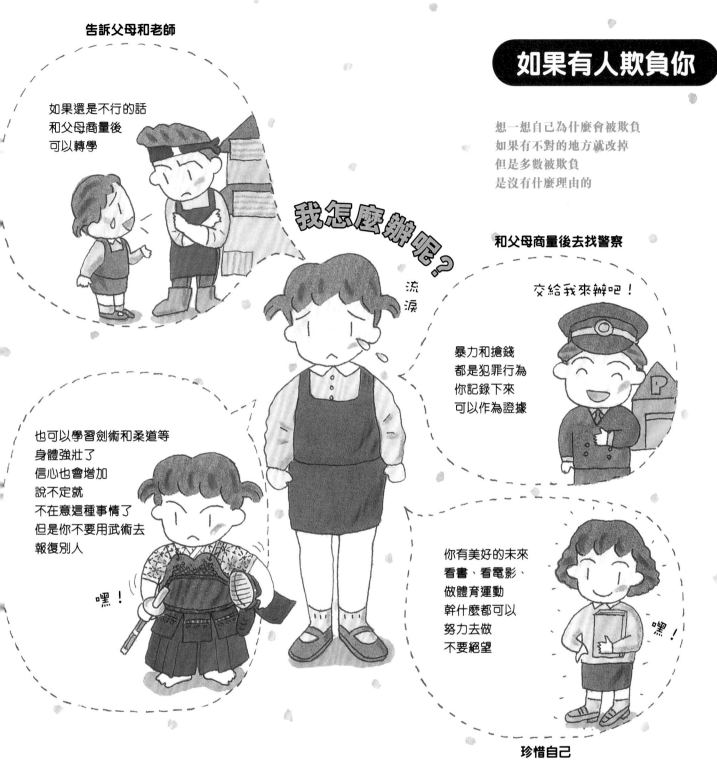

告訴父母和老師

如果還是不行的話
和父母商量後
可以轉學

我怎麼辦呢?

流淚

如果有人欺負你

想一想自己為什麼會被欺負
如果有不對的地方就改掉
但是多數被欺負
是沒有什麼理由的

和父母商量後去找警察

交給我來辦吧!

暴力和搶錢
都是犯罪行為
你記錄下來
可以作為證據

也可以學習劍術和柔道等
身體強壯了
信心也會增加
說不定就
不在意這種事情了
但是你不要用武術去
報復別人

嘿!

你有美好的未來
看書、看電影、
做體育運動
幹什麼都可以
努力去做
不要絕望

嘿!

珍惜自己

去不了學校的時候

轉學
結交新朋友,
重新開始。

找老師補習
請老師課外輔導,
不落下課程。

休息
身心都疲勞時,
需要休息,
等身體恢復了,
再考慮下一步。

直接報考
如果你再稍微
長大一點兒,
有直接進入
大學的方法。

《這個時候怎麼辦？④待人接物》

峯村良子 繪著

唐亞明、郭敏 譯

國際統一書號（ISBN）：978-988-237-235-1

出版：香港中文大學出版社

　　　香港 新界 沙田・香港中文大學

　　　傳真：+852 2603 7355

　　　電郵：cup@cuhk.edu.hk

　　　網址：cup.cuhk.edu.hk

What Would You Do in This Situation? ④ *Interacting with People* (in Chinese)

　　By Ryôko Minemura

　　Translated by Tang Yaming and Guo Min

Traditional Chinese edition © The Chinese University of Hong Kong 2021

Kodomo no Manâ Zukan 4 - Otsukiai no Manâ

Original Edition © 2000 by Ryôko Minemura

First published in Japan in 2000 by KAISEI-SHA Publishing Co. Ltd., Tokyo
Traditional Chinese translation rights arranged with KAISEI-SHA Publishing Co. Ltd.
through Japan Foreign-Rights Centre/Bardon-Chinese Media Agency

All Rights Reserved.

ISBN: 978-988-237-235-1

Published by The Chinese University of Hong Kong Press

　　　The Chinese University of Hong Kong

　　　Sha Tin, N.T., Hong Kong

　　　Fax: +852 2603 7355

　　　Email: cup@cuhk.edu.hk

　　　Website: cup.cuhk.edu.hk

Printed in Hong Kong